Contraste insuffisant
NF Z 43-120-14

Illisibilité partielle

Couvertures supérieure et inférieure
manquantes

RENOUVELLEMENT PAR CHARLES VIII

DU TRAITÉ DU 9 JANVIER 1478

ENTRE LA FRANCE ET VENISE

(1484).

A la mort de Louis XI (30 août 1483), la bonne intelligence créée par la paix du 9 janvier 1478[1] continuait de régner entre la France et Venise : les deux gouvernements trouvaient leur profit dans cette entente, le gouvernement français surtout des avantages politiques, le gouvernement vénitien surtout des avantages pécuniaires. Avec Venise, Milan et Florence dans leur clientèle, les rois de France pouvaient, sinon dominer, du moins jouer un rôle considérable dans la péninsule et espérer faire valoir un jour, avec succès, les prétentions sur le royaume de Naples que leur avait léguées la maison d'Anjou : à cet effet, Louis XI s'était intéressé à toutes les grandes questions qui avaient agité l'Italie : arbitre entre les deux ligues qui l'avaient divisée à la suite de la conjuration des Pazzi, il s'apprêtait, peu avant sa mort, à remplir le même office lors de la guerre de Ferrare, de façon à habituer les puissances italiennes à le considérer comme un médiateur souverain auquel elles pourraient recourir dans leurs démêlés. Cette habile politique, qui avait relevé l'influence française au delà des monts, allait sans doute porter ses fruits, entrer dans la période active, quand la mort de Louis XI vint interrompre ses progrès : mais, si la dame de Beaujeu et ses con-

---

1. *La Paix du 9 janvier 1478 entre Louis XI et la République de Venise*, par P.-M. Perret, dans la *Bibliothèque de l'École des chartes*, t. LI (1890), p. 111 et suivantes.

(10)

seillers, empêchés par les difficultés dont ils étaient entourés, ne pouvaient poursuivre les plans du roi, ils étaient tellement imbus de son esprit et de ses principes que tout naturellement ils devaient entretenir et renouveler les alliances qui avaient tant élevé la réputation de la France pendant les dernières années ; l'alliance vénitienne était de celles-là : il était donc probable que sa confirmation ne rencontrerait aucune opposition de la part du gouvernement français, quel qu'il fût ; la Seigneurie avait su, en effet, se préparer des amis dans les deux camps qui partageaient alors la France, et le duc d'Orléans fut un instant son protecteur.

Pour d'autres motifs, les dispositions de la Seigneurie étaient identiques. Au point de vue purement politique, l'alliance de la France, — maintenant surtout que le duc de Bourgogne, devenu archiduc d'Autriche, négligeait l'Italie, — lui offrait certaines garanties vis-à-vis de ses rivaux italiens. Son principal compétiteur, le duc de Milan, en était contenu et se trouvait par là sous le coup de la menace perpétuelle d'une revendication de la famille d'Orléans, revendication que Venise saurait susciter au moment opportun, revendication peu redoutable si elle se produisait isolée, mais qui, soutenue par les rois de France et Venise, eût pu ébranler sur le trône une dynastie encore mal affermie. Grâce à elle le roi de Naples avait intérêt à ménager la République qui eût pu, en cas de dissentiment, favoriser la maison de France et, par exemple, la convier à émettre ses droits sur le Napolitain. Au point de vue commercial, les bénéfices de l'alliance française étaient peut-être plus grands et dans tous les cas plus immédiats. Elle avait rouvert les ports de la France aux convois de la République, dont les sujets protégés rapportaient chaque année un gain supérieur à 300,000 écus : il fallait donc, avant tout, maintenir cet état de choses et ne rien épargner pour ne pas voir revenir les jours peu éloignés où des corsaires, Colomb entre autres, armés en course, munis de lettres de marques du roi, faisaient la chasse aux bâtiments vénitiens qui se rendaient en Flandre et en Angleterre.

Si donc il importait au nouveau roi de France de confirmer la paix du 9 janvier 1478, il n'importait pas moins à Venise de la renouveler. Dans ces conditions, tout permettait de présager que ce résultat serait promptement atteint : néanmoins, les négociations durèrent près d'un an ; ce sont ces négociations que notre intention est d'exposer dans le travail qui va suivre.

Au commencement de l'année 1483, la guerre de Ferrare était
entrée dans sa seconde phase[1]. On connaît les péripéties de cette
guerre : on sait que les Vénitiens, d'abord alliés avec le pape
Sixte IV et son neveu, Jérôme Riario, seigneur de Forli et
d'Imola, avaient commencé les hostilités contre le duc de Ferrare
sous différents prétextes de délimitation de frontière, mais en
réalité pour reconquérir cette ville, jadis possession vénitienne.
L'union de Rome et de Venise avait eu pour conséquence la for-
mation d'une contre-ligue composée de Naples, Milan et Florence
qui prit la défense d'Hercule d'Este. Après une campagne pous-
sée assez activement par les Vénitiens, le pape, craignant que
ceux-ci ne restassent maîtres de Ferrare, que dans sa pensée
il destinait à Jérôme Riario, se rapprocha du roi de Naples,
avec qui il signa la paix le 12 décembre 1482. Les Vénitiens,
ayant décliné d'y accéder, se trouvèrent seuls aux prises avec
toute l'Italie. Dans ce péril imminent, ils recoururent à Louis XI[2];
leur appel s'expliquait tout naturellement par la clause du traité
du 9 janvier 1478, en vertu de laquelle l'alliance des deux gouvernements était offensive et défensive, et par l'intérêt que le roi
prenait aux événements italiens.

C'est sur ces entrefaites qu'Antoine Lorédan, ambassadeur
désigné[3] de la République en France, quitta Venise le 3 juillet

1. Voir le chapitre que M. Cipolla a consacré à la guerre de Ferrare dans
son remarquable ouvrage intitulé : *Storia delle Signorie italiane dal* 1313 *al*
1530, p. 603-640. Consulter aussi *Commentarii della guerra di Ferrara* de
Marino Sanudo (éd. Leonardo Manin, Venezia, 1839). — Sismondi, *Hist. des
républiques italiennes*, t. VII, p. 187 et ss. — Le livre de M. Frantz, *Sixtus IV
und die Republik Florenz*, Regensburg, 1880, contient aussi (chapitres vi, vii
et viii) un récit de ces événements; mais c'est un ouvrage de seconde main.

2. Louis XI avait prévenu cet appel : il venait d'envoyer en Italie trois ambas-
sadeurs chargés de s'interposer entre les belligérants et de leur offrir sa média-
tion; deux d'entre eux, Antoine de Montjeu et Thomas de Plaiques, étaient à
Venise le 11 août 1483 (Arch. de Venise, Senato, Delib. secr., t. XXXI, fol. 51).

3. L'envoi de Lorédan en France pour y succéder à Bertucio Gabriel, décidé
en principe le 24 octobre 1480 (id., *ibid.*, t. XXIX, fol. 136 v°), avait subi de
nombreux retardements. D'abord, on avait voulu attendre pour le faire partir
que son mandat de préposé aux Raisons nouvelles (voir sur cette magistrature
Bibl. nat., fr. 5599, fol. 98 v°) fût expiré, ce qui eut lieu le 18 juin 1481 (Arch.
de Venise, Senato, Terra, t. VIII, fol. 124); puis une année presque entière
s'écoula sans qu'il fût question de son départ; le 12 avril 1482, seulement, le
Sénat l'autorisait à emporter avec lui, aux risques et périls de la Seigneurie,
six cents ducats et à emmener en plus de son train deux mules, un muletier

1483[1]. Ses instructions, approuvées par le Sénat le 4 juin[2], avaient pour principal objet d'exposer à Louis XI les griefs de la Seigneurie contre le pape et Jérôme Riario. Il devait attirer l'attention du roi, — le premier des princes chrétiens, — sur les scandales de la cour de Rome, le prier de vaquer à la réforme de l'Église et chercher à le convaincre que la convocation d'un concile général était nécessaire. Enfin, comme on savait à Venise l'état précaire de la santé du roi, les instructions prévoyaient incidemment sa mort et, dans ce cas, prescrivaient à Lorédan de remplir sa mission auprès de son successeur ou des régents, et de profiter du désarroi qui accompagne toujours de pareils événements pour étudier à loisir l'état du royaume et pénétrer les tendances générales du nouveau souverain.

Lorédan, arrêté à son passage par les Suisses qui, très attachés au saint-siège, ne le laissèrent partir qu'après lui avoir arraché la promesse de ne rien faire contre le pape[3], arriva à Paris après la mort de Louis XI, et fut très mal accueilli : comme le pape avait excommunié (23 juin 1483)[4] tous les sujets de la République, on interdit à l'orateur vénitien l'accès des églises et on l'invita même à quitter la France : il se retira à Lyon, où il attendit les ordres de son gouvernement et où on le tolérait à grand'peine[5]. Dans l'intervalle, le décès de Louis XI avait été annoncé à la Seigneurie, par René de Lorraine, le 8 septembre[6].

et quatre estaffiors (Id., *ibid.*, fol. 144); le 17 décembre, il lui était enjoint de se tenir prêt à partir au premier ordre du Collège (Id., Senato, Delib. secr., t. XXX, fol. 50 v°); mais survenaient de nouveaux délais dont la cause nous est inconnue, et c'est seulement le 12 mai 1483 que le Sénat décrétait que Lorédan devrait se mettre en route après la Pentecôte (Id., *ibid.*, t. XXXI, fol. 18 v°).

1. Malipiero, *Annali Veneti*, dans *Archivio storico italiano*, 1re série, t. VII, Firenze, 1843, p. 283.

2. Arch. de Venise, Senato, Delib. secr., t. XXXI, fol. 26. Elles ont été analysées par Buzer, *Die beziehungen der Mediceer zu Frankreich*, Leipzig, 1879, p. 231, et par Delaborde, *l'Expédition de Charles VIII en Italie*, Paris, 1888, p. 150.

3. Buzer, *op. cit.*, p. 508.

4. Malipiero, *op. cit.*, p. 281, a donné un fragment de la bulle d'excommunication qui a été imprimée dans Lünig (*Codex Italiae diplom.*, t. IV, col. 1819). V. Cipolla, *op. cit.*, p. 621.

5. Malipiero, *op. cit.*, p. 285.

6. Id., *ibid.* René de Lorraine, enrôlé comme capitaine général de la République, le 17 avril 1480 (Arch. de Venise, Commemoriali, t. XVI, fol. 151 v°), était revenu à Venise le 13 avril 1483, pour prendre la direction de la guerre

La mort de Louis XI, si elle ne rendait pas inutile la mission
de Lorédan, devait, du moins, en modifier le but. Les hommes
d'État vénitiens étaient trop rompus aux affaires pour se faire
illusion sur ce point, trop au courant des choses de France pour
ignorer les embarras intérieurs, les compétitions qui, dès le début
du règne, allaient paralyser les mouvements de la dame de Beaujeu et de ses conseillers[1], et les forcer à renoncer momentané-
ment à l'accomplissement des desseins du feu roi sur l'Italie. La
Seigneurie comprit que solliciter dans ces conditions une inter-
vention française, sous quelque forme que ce fût, serait folie; elle
estima plus urgent, — quitte à y revenir plus tard, — d'obtenir
avant tout la confirmation de la paix de 1478[2]. Cependant, bien
qu'elle reconnût dès lors que les instructions de Lorédan demeu-
reraient lettre morte, elle ne voulut rien brusquer et attendit pour
les corriger ou les compléter que le gouvernement royal lui eût
donné signe de vie et manifesté les intentions qui l'animaient à
son égard.

Son attente fut de courte durée : le 22 septembre, Charles VIII
notifiait à la Seigneurie la mort de son père et son avènement
par une lettre très affectueuse et remplie d'assurances de sym-
pathie, et, le 29 octobre, la Seigneurie répondait par des protestations du même goût[3]. Dans cette correspondance officielle, pas
la moindre allusion n'était faite à la mission de Lorédan et au
renouvellement de la paix; mais le même jour le Sénat adressait
à Lorédan une dépêche, où la Seigneurie dévoilait le fond de sa
pensée[4]. Elle ordonnait à son agent de s'occuper, toutes choses

de Ferrare (Malipiero, *op. cit.*, p. 279). Lorsque la fin de Louis XI lui fut
connue, il regagna précipitamment la France (*ibid.*, p. 285). V. aussi Delaborde,
op. cit., p. 149.

1. V. dans Buzer, *op. cit.*, p. 242, l'analyse d'une lettre de Lionette de Rossi
à Laurent de Médicis (14 mai 1484).

2. Le traité du 9 janvier 1478 n'était pas dénoncé par la mort de Louis XI :
ce pacte était perpétuel et obligeait les successeurs des deux contractants
(v. Lünig, *op. cit.*, t. IV, col. 1803). On conçoit cependant qu'à une époque
formaliste, par excellence, comme le moyen âge, la Seigneurie ait eu des doutes
et ait voulu s'entourer de la garantie d'une confirmation.

3. Nous n'avons pu retrouver la lettre de Charles VIII, mais les termes cha-
leureux de la réponse vénitienne permettent d'en deviner le contenu (Arch. de
Venise, Senato, Delib. secr., t. XXXI, fol. 101 v°).

4. Id., *ibid.*, fol. 102. Une note indique que cette lettre, mise aux voix en
même temps que celle au roi de France, ne fut expédiée que le 2 novembre.

cessantes, de la confirmation du traité de 1478 : afin de faciliter ses démarches, le même courrier lui portait des copies de la lettre du roi, de la réponse qu'on lui faisait et du traité du 9 janvier 1478. De plus, à ce paquet étaient joints les pouvoirs nécessaires pour négocier et signer le renouvellement de la convention[1].

Cependant, les dangers qui menaçaient Venise devenaient de plus en plus pressants. Alphonse, duc de Calabre, avait gagné la Lombardie pour s'opposer aux progrès du capitaine général de la République, San Severino, qui avait franchi l'Adda : il le repoussa sur le territoire de Brescia pendant que Ludovic le More envahissait celui de Bergame[2]. — Dans ces graves circonstances, la Seigneurie, livrée à ses seules ressources, imagina une habile diversion ; à défaut du concours du gouvernement français, elle invoqua celui de la famille d'Orléans, en essayant de réveiller chez son chef ses prétentions sur le duché de Milan. Ce plan offrait plusieurs avantages. S'il réussissait, le duc de Milan, le plus redoutable des adversaires de la République, devrait songer à se défendre lui-même, avant de poursuivre sa campagne contre Venise ; puis la Seigneurie pourrait se faire un mérite auprès de la dame de Beaujeu d'avoir, en donnant un but à son ambition, écarté le prince turbulent qui l'inquiétait tant ; enfin, si cette démonstration avortait, elle pourrait toujours se prévaloir de l'avoir tentée. D'un autre côté, au cas peu probable où le duc d'Orléans triompherait du parti beaujolais et serait investi de la régence, il ne pourrait savoir mauvais gré à la Seigneurie de l'avoir, au nom de leurs intérêts communs, invité à faire valoir ses droits sur le Milanais.

En conséquence, le 17 novembre 1483[3], la Seigneurie, — sur l'avis conforme du Sénat, qui adoptait cette dépêche à l'unanimité, — mandait à Lorédan de sonder les dispositions de Louis d'Orléans

---

En même temps, la Seigneurie se rappelait à la bienveillance du duc de Bourbon par une missive particulière (id., *ibid.*, fol. 102).

1. Arch. de Venise, Sindicati, t. II, fol. 103. Il est à remarquer que ce document est daté du 31 octobre. Ce pouvoir est inséré aussi dans l'instrument authentique du traité que nous publions à la suite de cette étude.

2. Cipolla, *op. cit.*, p. 621.

3. Arch. de Venise, Senato, Delib. secr., t. XXXI, fol. 195. — Cette dépêche ne fut expédiée que le 10 décembre. Buzer, *op. cit.*, p. 509. — M. de Maulde (*Hist. de Louis XII*, Paris, 1890, t. II, p. 282) paraît ne pas attacher d'importance à cette démarche ; selon nous elle n'était pas simulée.

quant à Milan, de provoquer ses confidences et de l'engager à
essayer la conquête de ce pays qui lui appartient de droit[1] ; il lui
démontrerait que l'occasion présente était unique et on ne peut
plus propice ; il lui promettrait l'appui de la République, décidée
à ne rien négliger pour que son entreprise ait une heureuse issue.

Ces préoccupations n'absorbaient pas tellement la Seigneurie
qu'elle perdît de vue le renouvellement du traité de 1478. Afin
de l'obtenir plus rapidement, elle s'efforçait de multiplier ses amis
dans l'entourage du roi et, de préférence, parmi les grands seigneurs de la cour. Elle chargeait Lorédan d'exprimer au duc de
Lorraine tous les regrets que son départ avait causés à Venise,
et de le féliciter d'être rentré en possession de la Provence, s'il
était vrai, ainsi que le bruit en était répandu en Italie, que
Charles VIII la lui eût rendue. Il attesterait de nouveau au duc
de Bourbon les sentiments de respect et d'amitié de la Seigneurie
envers lui et s'ingénierait pour se concilier ses bonnes grâces[2]. Si
les ennemis de Venise députaient en France de nouveaux légats,
Lorédan avait ordre de déjouer leurs menées et de s'aider des par-
tisans de la République pour soustraire le roi à leur influence.
Enfin, on lui annonçait le prochain envoi de trois orateurs solen-
nels[3] qui iraient complimenter Charles VIII de son avènement.
Cependant Lorédan n'était pas resté inactif : le 11 décembre, il
pouvait d'Orléans informer la Seigneurie que le roi lui avait enfin
donné audience[4], et, après lui avoir fait le meilleur accueil, avait

1. « ... Curate preterea menti ipsius Aurelianensis eumque excitare ad capien-
dam impresiam status Mediolani sibi jure spectantis, ostendendo sibi oppor-
tunitatem propter praesens bellum quod cum ipso statu habemus hortandoque
ut magnanime se preparet et accingat ad ipsam impresiam... » (Arch. de Venise,
Senato, Delib. secr., t. XXXI, fol. 105.)

2. La Seigneurie ne jugea pas suffisant de faire transmettre ces protestations
au duc de Bourbon par l'intermédiaire de Lorédan, et le 20 janvier elle les adressait directement au duc (Arch. de Venise, Senato, Delib. secr., t. XXXI,
fol. 124 v°).

3. Élus séance tenante, ces orateurs étaient Marc-Antoine Morosini, Luc Zeno
et Bernard Bembo. Ils ne partirent pas : Zeno et Bembo déclinèrent cette mission; le 3 février 1484, ils furent réélus (Arch. de Venise, Senato, Terra, t. IX,
fol. 55), mais ne durent pas s'éloigner, car il n'est plus question de cette léga-
tion après cette date.

4. On se souvient qu'à son arrivée une sorte de quarantaine avait été infligée
à Lorédan, qui avait dû se retirer à Lyon; Anne de Beaujeu, mieux inspirée,
peut-être sur les instances du duc d'Orléans, venait, sans doute, de lever cette
interdiction.

consenti avec plaisir à la rénovation du traité qui liait la République à son prédécesseur. — Le 16 janvier 1484, le Sénat approuvait un projet de réponse qui était expédié le lendemain[1] à Lorédan. Après l'avoir chargé de remercier le roi de ses bonnes dispositions, la Seigneurie, l'esprit désormais en repos sur ses relations à venir avec la France, revenait à son thème favori; elle faisait proposer au seigneur de Beaujeu et au duc de Bourbon d'entreprendre, pour le compte de Charles VIII, la conquête du royaume de Naples. Les arguments qu'elle employait étaient de la même nature que ceux dont elle avait fait usage vis-à-vis du duc d'Orléans : le roi Ferdinand, disait-elle, détient Naples au mépris des droits de la maison de France; ce prince, d'un esprit inquiet, est un fléau pour ses voisins; c'est lui qui a été l'instigateur de la guerre qui désole maintenant l'Italie; c'est lui, en effet, qui a conseillé au duc de Ferrare de rompre les traités qu'il avait avec la République, comme c'est lui qui pousse encore Ludovic le More à usurper le duché de Milan aux dépens de son neveu Galéas. Sa conduite lui a aliéné tout le monde; le sourd mécontentement qui s'est accumulé contre lui éclaterait, sans aucun doute, si le roi de France revendiquait, les armes à la main, cette partie de son héritage; les circonstances actuelles, — la guerre que Venise soutient contre lui, — serviraient à merveille Charles VIII qui aurait de plus l'avantage de défendre une cause juste. — La Seigneurie n'oubliait pas le duc d'Orléans, elle recommandait à Lorédan de lui exposer les succès des troupes vénitiennes qui, après avoir chassé du territoire de la République ses ennemis, leur avait enlevé deux ou trois places de peu d'importance, et de lui réitérer ses offres de service et ses exhortations; les conjonctures sont exceptionnelles, le peuple de Milan est las du joug de Ludovic le More et n'aspire qu'à le secouer; que le duc d'Orléans paraisse et il sera salué comme un libérateur et un sauveur. La Seigneurie ne jugea pas ces instances assez fortes; le 4 février, elle les renouvelait en formulant avec plus de précision ses promesses d'assistance et ordonnait à Lorédan de

---

1. Cette réponse était l'œuvre de Marc Barbarigo, Frédéric Cornaro, Pierre et François Priuli, Sages du conseil, et de Jean de Lezze, Marin Venier, Jean Morosini et Antoine Grimani (Arch. de Venise, Senato, Delib. secr., t. XXXI, fol. 123 v°). Les passages essentiels de cette dépêche ont été publiés par Buzer, *op. cit.*, p. 509.

les transmettre, ainsi rectifiées, à Louis d'Orléans[1]. Ce recours à l'étranger a lieu de surprendre, de la part de la seigneurie de Venise, dont la politique fut toujours contraire à l'établissement des ultramontains dans la péninsule ; aussi convient-il de ne pas s'abuser sur la sincérité de cette double invitation ; au fond, il n'y avait là rien de sérieux. Venise entendait se servir des Français pour battre en brèche ses adversaires, les effrayer tout au moins et les contraindre à la paix ; mais de là à admettre l'installation de la maison de France à Naples et d'une de ses branches à Milan il y avait loin ; ce pas, la République ne l'eût jamais franchi ; le jour où elle eût vu les Français victorieux et près de s'implanter en Italie, elle se serait retournée contre eux, et, comme elle devait le faire en 1495, se serait au besoin unie pour les combattre à ses ennemis de la veille.

Les déclarations et les ouvertures de la Seigneurie impressionnèrent fortement le duc d'Orléans et le gagnèrent à la République ; il semble qu'il prit en mains ses intérêts et s'entremit auprès du roi afin que sa promesse reçût une prompte exécution ; il faisait, en effet, désigner pour s'aboucher avec Lorédan, en même temps que le chancelier Guillaume de Rochefort, qui avait déjà négocié avec Venise[2], un de ses conseillers en qui il avait le plus de confiance, Gilbert du Puy, seigneur de Vatan[3], son premier chambellan et grand maître. De plus, la Seigneurie attribua au prince le mérite de la confirmation octroyée par Charles VIII[4].

1. Arch. de Venise, Senato, Delib. secr., t. XXXI, fol. 131 v° : « .... cui (duc d'Orléans) subjungite et ample ac libere offerte nos esse usuros omnibus viribus nostris contra dictum presentem statum Mediolanensem in his partibus, ut facilius et celerius illa predictum justum et honestum desyderium suum adimpleat, quo nihil gratius et jocundius nobis afferri poterit. » Cette dépêche, présentée par les Sages du conseil et les Sages de terre ferme, réunissait 137 suffrages contre 6 opposants et 4 abstentions.

2. Guillaume de Rochefort avait été envoyé à Venise par Charles le Téméraire en 1473. Sur cette ambassade, cf. D. Plancher, *Hist. de Bourgogne*, t. IV, p. 414 (Arch. de Venise, Senato, Delib. secr., t. XXVI, fol. 36 v°. — 25 juillet 1473, etc.).

3. R. de Maulde, *Procédures politiques du règne de Louis XII* (Coll. de documents inédits sur l'histoire de France), Paris, 1885, p. 934.

4. Aussitôt cette confirmation obtenue, la Seigneurie, le 5 novembre, exprimait au duc sa reconnaissance pour les bons offices qu'il lui avait prêtés (Arch. de Venise, Collegio, Lettere secr., t. IV, 1484-1489, fol. 31 v°). Il est à noter aussi que, lorsque les commissaires royaux furent tombés d'accord et qu'il s'agit

Quoi qu'il en soit, la Seigneurie, le 16 janvier, croyait cette confirmation accomplie depuis longtemps[1]; c'était là une illusion de son impatience; il devait se passer plus de six mois entre la promesse et son accomplissement, et ce délai est tout naturel. D'abord, de plus graves soucis, les intrigues concurrentes des Beaujeu et du duc d'Orléans, la session des états généraux, aux travaux desquels les deux commissaires royaux prirent une part importante, Guillaume de Rochefort comme représentant du gouvernement, le seigneur de Vatan comme commissaire de Louis auprès des états[2], accaparaient toute l'attention. Puis il est probable que les délégués du roi et Lorédan, bien que l'entente entre eux existât sur tous les points essentiels, durent avoir, avant de réaliser l'instrument authentique, quelques conférences préliminaires où ils réglèrent les derniers détails. Toujours est-il que c'est le 7 juillet seulement, à Paris, dans la maison du chancelier, que les articles furent couchés par écrit et l'acte dressé en due forme par le notaire Guillaume Calipel, prêtre du diocèse de Tours, en présence de Alexandre Mallabal, écuyer, chambellan du duc d'Orléans, de Scipion de Bombelles, professeur de droit écrit et canon, et de Jean le Bourguignon, serviteur du chancelier.

La nouvelle convention consacrait tous les principes posés en 1478 : elle reproduisait donc purement et simplement tous les articles inscrits dans le traité du 9 janvier, sauf cependant l'article 4, dit des réserves. C'était celui qui, sous Louis XI, avait été le plus difficile à rédiger d'une façon satisfaisante pour les deux parties et sur lequel s'était concentré le débat des plénipoten-

---

de dresser le protocole, sur les trois témoins appelés, deux étaient dévoués au prince, Alexandre de Mallabal, seigneur de la Monta, chambellan de Louis d'Orléans (Maulde, *Procédures*, etc., p. 1052), et Scipion de Bombelles, professeur de droit civil et canon, qui devait être le frère ou au moins un parent de Salomon de Bombelles, médecin de Louis d'Orléans (*ibid.*, p. 1080); enfin, *Guillaume Calipel, le notaire qui rédigea le contrat*, était secrétaire du duc (*ibid.*, p. 1026).

1. Elle sollicitait même alors du roi un service en qualité d'alliée : on craignait une disette de blé à Venise, et, le 22 janvier 1484, les Chefs du Conseil des Dix chargeaient Lorédan de prier Charles VIII de laisser sortir du Languedoc 10,000 setiers de blé, qu'on transporterait à Venise, de façon à parer à la famine (Arch. de Venise, Capi del Consiglio de X, Lettere, t. II, 1476-1483).

2. R. de Maulde, *Hist. de Louis XII*, t. I, p. 79.

tiaires. Chacun des contractants, on s'en souvient peut-être[1],
s'était efforcé de faire comprendre dans la paix ses amis et d'en
faire exclure ses ennemis : ainsi le roi avait voulu, — et ses
exigences avaient manqué tout compromettre, — que la Seigneurie s'engageât formellement à ne pas favoriser Marie de
Bourgogne, avec qui il était en guerre, mais qui était l'alliée de
la République, et par contre que le traité en question ne préju-
diciât pas à sa vieille amitié avec Florence ; il n'avait pas gagné
le premier point, toutefois la Seigneurie lui avait cédé d'autant
plus volontiers le second que Florence, membre de la ligue italienne, était par là même alliée de Venise ; cependant, afin de
prévenir de nouvelles prétentions du roi, elle avait réclamé et
obtenu le traitement réciproque, c'est-à-dire l'insertion de son
alliance avec Florence. En 1484, de ces deux clauses, la première n'avait plus d'intérêt, et personne, en admettant qu'on
eût gardé mémoire de ce qui s'était passé il y a six ans, ne son-
geait à soulever la question ; Marie de Bourgogne était morte
(27 mars 1482) et ses successeurs vivaient en paix avec
Charles VIII. Pour Florence, c'était bien différent : Venise était
en guerre avec cette république, qui continuait à entretenir
de bons rapports avec la cour de France. Cette situation pouvait
être la source de grosses difficultés si les négociateurs français
exigeaient le maintien textuel du passage qui réservait l'alliance
de leur maître avec Florence : soit que le gouvernement français
n'attachât pas grande valeur à l'amitié des Florentins, soit que
Lorédan et les commissaires royaux, sous l'influence du duc
d'Orléans, se soient appliqués à écarter ce sujet irritant, ils abou-
tirent à un compromis, sans qu'il soit demeuré trace d'une dis-
cussion entre eux ; il semble donc que d'un accord unanime ils
convinrent de substituer à la rédaction de 1478 une rédaction
beaucoup plus anodine et plus vague ; celle-ci empruntait à la
première tout son début, qui roulait sur des généralités et com-
portait l'obligation mutuelle des deux pays de ne pas aider les
ennemis de l'autre ; mais tout ce qui avait trait à Milan et à Florence, tant au titre d'alliés de la France que de Venise, était
supprimé, leur nom ne figurait même pas dans le protocole, de
même qu'aucun allié des deux parties n'était mentionné ; il était.

1. V. *Bibliothèque de l'École des chartes, loc. cit.*, t. LI, p. 111 et suivantes.

seulement stipulé d'une façon générale que seraient réservées les alliances qui seraient introduites de part et d'autre dans les quatre mois[1]. — La ratification de la Seigneurie devait aussi être parvenue en France dans ce délai.

Le 22 juillet, de Paris où il séjournait avec la cour[2], Lorédan rendait compte à son gouvernement des résultats acquis; il lui adressait l'instrument du traité qui avait été recopié dans l'intervalle. Le roi n'attendait plus pour promulguer la paix que la ratification solennelle de la Seigneurie. Celle-ci, le 17 août[3], répondit à Lorédan et lui indiqua la conduite qu'il devait tenir : avant tout, il présenterait au roi les remerciements de la République, de manière qu'il en fût content; elle lui envoyait en même temps la ratification demandée[4], lui recommandait de ne la délivrer que contre échange des lettres royales, dressées en bonne forme; elle lui annonçait l'arrivée prochaine de la liste des con-

---

1. Pour plus de clarté, voici les deux textes :

1478.	**1484.**
« ... reservé toutefois et demeurant sans prejudice de l'alliance que à present lesdits de Venise ont avec le duc de Milan et la Seigneurie de Florence à la conservation de leur etat seulement... Item, et en ce present traité nous (Louis XI) avons, aussi de notre part, expressement reservé et reservons toutes les amitiés, confederations et alliances que nous avons avec la Seigneurie et Communauté de Florence, auxquelles nous ne voulons et n'entendons en quelque maniere prejudicier ne deroger; mais voulons et entendons icelles entretenir et garder nonobstant ce present traité et sans que par icelui y soit en quelque maniere ni en quelque partie derogé. » (Lünig, *Codex Italiae diplom.*, t. IV, col. 1802.)	« ... reservatis tamen illis conïederationibus quas ipse principales partes duxerint in mensibus quatuor declarare. » (V. le texte du traité que nous publions à l'appendice d'après Arch. de Venise, Commemoriali, t. XVII, fol. 52 et 53.)

2. V. dans Pélicier, *Essai sur le gouvernement de la dame de Beaujeu,* Paris, 1882, l'itinéraire de Charles VIII, p. 289.

3. Arch. de Venise, Senato, Delib. secr., t. XXXII, fol. 80 v°. — La lettre fut expédiée le 19 août.

4. Cette ratification, accompagnée du traité réformé, est insérée dans le Registre 32 (fol. 81 et 82) des Délibérations secrètes du Sénat, à la suite de la dépêche précédente.

fédérés qu'elle voulait réserver, et l'autorisait à faire au chancelier un cadeau dont la valeur n'excéderait pas deux cents ducats. La Seigneurie témoignait encore une joie très vive de ce que la concorde fût rétablie entre les princes[1]; elle communiquait à son envoyé une nouvelle analogue : la guerre de Ferrare était achevée, Venise venait de conclure avec la ligue italienne une paix[2] qu'elle estimait être durable et qui la laissait maîtresse de la Polesine de Rovigo; toutes les autres conquêtes devaient être restituées de part et d'autre. Robert de San Severino, lieutenant général de la République, devenait le capitaine général de la nouvelle confédération. Enfin, — et c'est par ce témoignage de satisfaction qu'elle finissait sa dépêche, — elle promettait à Lorédan, qui, paraît-il, avait hâte de regagner Venise, de le rappeler sous peu. Elle remplissait bientôt cette promesse : le 27 août, elle lui écrivait que, si rien de nouveau ne survenait, il pourrait, dès qu'il aurait terminé les dernières affaires dont sa dépêche précédente l'entretenait, prendre congé du roi et des autres princes français et se rapatrier[3].

Lorsque Lorédan reçut ce dernier message, la ratification du roi était déjà donnée : le 23 septembre, en effet, à Bois-Malesherbes[4], dans un conseil[5] auquel assistaient le duc d'Or-

---

1. Il s'agit sans doute de l'accalmie qui se fit dans les relations des Beaujeu avec Louis d'Orléans, à la suite du sacre de Charles VIII, à Reims (30 mai); ce répit dura jusqu'au mois d'août et fut surtout marqué par la présence du duc d'Orléans à l'entrée du roi à Paris (5 juillet) et les joutes qu'il courut en son honneur (Maulde, *Hist. de Louis XII*, t. II, p. 100. Pélicier, *op. cit.*, p. 83).

2. C'est le traité de Bagnolo, ménagé le 7 août par J.-J. Trivulce (Brosch, *Papst Julius II*, Gotha, 1878, p. 307, note 67); il a été imprimé dans Dumont, *Corps universel diplomatique*, etc., t. III, 2° partie, p. 128. V., sur ses préliminaires, Cipolla, *op. cit.*, 624-5; Romanin, *Storia documentata di Venezia*, Venezia, 1855, t. IV, p. 416, et Malipiero, *op. cit.*, p. 269.

3. Arch. de Venise, Senato, Delib. secr., t. XXXII, fol. 87. — Votée le 27 août par le Sénat, cette dépêche ne fut expédiée que le 29. Le séjour de Lorédan en France s'était prolongé au delà de ce qu'on avait prévu; il avait épuisé ses ressources et, le 15 mai, la Seigneurie acceptait la proposition des banquiers Garzoni qui s'offraient de lui faire tenir les fonds dont il pourrait avoir besoin (Id., Senato, Terra, t. IX, fol. 78).

4. D'après la pièce conservée aux Archives de Venise et que nous donnons plus loin, ce lieu s'appellerait Bois-des-Bonnes-Herbes (*Boscum bonarum herbarum*); il s'agit bien de Bois-Malesherbes, propriété de l'amiral de Graville; l'itinéraire du roi tranche tous les doutes à cet égard (Pélicier, *op. cit.*, p. 283).

5. Il est à remarquer que les *Procès-verbaux des séances du conseil de*

léans, les comtes de Clermont, de Vendôme, de Dunois, le maré-
chal de Gyé, les seigneurs de Richebourg, de Mailly, de Boisy,
le gouverneur de Tours, le bailli de Meaux, Adam Fumée,
Étienne Pascal et Philippe Baudet, Charles VIII signait les
lettres patentes qui portaient confirmation de la paix de 1478.
Une expédition de ces lettres fut remise à Lorédan qui la rapporta
à son gouvernement. C'est sur cette expédition que fut opérée la
transcription qui se trouve dans le tome XVII (fol. 52 et 53) des
Commemoriali et que nous publions en appendice.

La Seigneurie ne tardait pas à faire l'office de fidèle amie de
Charles VIII : le 22 octobre[1], elle lui notifiait qu'elle l'avait énu-
méré parmi ses alliés dans le traité Bagnolo et le suppliait de ne
pas se formaliser de cette initiative qu'elle n'avait assumée
qu'avec le désir de lui complaire. Le 5 novembre, Lorédan avait
regagné Venise ; aussitôt[2] la Seigneurie accusait réception à
Charles VIII de l'acte de ratification qu'il lui avait transmis par
Lorédan et le remerciait des nombreuses marques d'amitié dont
il l'avait comblée par égard pour elle. La réponse du roi, lue au
conseil, siégeant à Gien, le 29 novembre, était des plus cor-
diales[3] ; Charles VIII applaudissait le doge d'avoir pu restaurer
la paix en Italie ; il se réjouissait d'avoir été compris dans cette
paix ; enfin, il se louait fort de Lorédan, à qui il serait heureux,
disait-il, de prouver, le plus tôt possible, son contentement et sa
gratitude.

La paix de 1484, bien qu'elle ait été, en quelque sorte, une pure
formalité, fut moins stable et moins sûre que celle qui l'avait pré-
cédée et dont elle n'était que la continuation. D'abord, le roi la
respecta moins rigoureusement que son père n'avait respecté celle
de 1478 ; elle était à peine signée que Charles VIII la violait :
Colomb poursuivait des galères de la Seigneurie et en capturait
quelques-unes[4] : et après cette crise promptement dénouée, l'har-

Charles VIII, publiés par A. Bernier, Paris, 1836 (Coll. de documents inédits
sur l'hist. de France), n'en parlent pas.

1. Arch. de Venise, Commemoriali, t. XVII, fol. 43.
2. Id., Collegio, Lettere secr., t. IV (1484-1485), fol. 32.
3. Arch. de Venise, Atti diplomatici misti, n° 60 (original), Commemoriali,
t. XVII, fol. 52 (copie). Cette lettre a été publiée par Bernier, *op. cit.*, p. 191.
4. V. Harisse, *les Colombo de France et d'Italie*, Paris, 1874, p. 44 et ss.
— P.-M. Perret, *Notice biographique sur Louis Malet de Graville, amiral de
France*, Paris, 1889, p. 75-80, et Rawdon Brown, *Calendar of state papers,
Venetian*, London, 1864, t. I, n°° 492, 498, 502, etc.

monie entre les deux États ne fut plus troublée jusqu'à l'expédition de Charles VIII en Italie; mais alors, quand le roi, au nom
des encouragements donnés en 1484 par Lorédan au seigneur de
Beaujeu, voulut se réclamer de cette alliance qui loyalement
observée eût pu servir précieusement ses projets, la Seigneurie
commença par se retrancher derrière des réponses équivoques,
puis finalement, jetant le masque, se déclara ouvertement contre
lui et organisa la sainte ligue qui devait le forcer à abandonner
précipitamment la péninsule. Certes, on peut supposer que Venise,
si Charles VIII se fût contenté de la politique d'arbitrage prati-
quée par Louis XI, n'eût pas embrassé un parti aussi extrême;
toujours est-il que la paix de 1484, appréciée d'après ses consé-
quences absolues, ne procura des avantages palpables qu'aux
Vénitiens, dont elle développa singulièrement le négoce, tandis
qu'elle ne paya la France que de chimères.

P.-M. PERRET.

Intelligentia cum serenissimo Francorum rege[1].
Ratificatio pacis serenissimi domini Franchorum regis cum
Illustrissimo Dominio.

Carolus, Dei gratia Francorum rex. Notum facimus universis presentibus et futuris quod, cum illustris dux, Joannes Mocenigo, ac
inclitum Venetiarum dominium, ad nos oratorem suum emiserint
nuper, videlicet spectabilem Antonium Lauredanum, militem, civem
Venetum, pro instauratione, renovatione atque confirmatione pacis,
amicitiae, unionis et intelligentiae perpetuo initae et formatae inter
carissimum quondam dominum et genitorem nostrum, cujus anima
in Christo quiescat, et prefatum dominium Venetorum, cumque ad
id tractandum et concludendum deputaverimus dilectos ac fideles
nostros Guillermum de Rupeforti, dominum de Pluvot, militem et
Franciae cancellarium, ac Gilbertum de Puteo, dominum de Vatan,
etiam militem, consiliarium et cambellarium nostrum, qui demum
concluserunt et convenerunt prout et quemadmodum in publico
cavetur instrumento, cujus tenor sequitur et talis est:
In nomine Domini, amen. Universis et singulis presentes inspec-

---

1. Arch. de Venise, Commemoriali, t. XVII, fol. 52.

turis pateat evidenter et sit rotum, quod cum dudum dive recorda-
tionis ac serenissimus princeps et dominus, dominus Ludovicus, Dei
gratia Francorum rex christianissimus, novissime diem functus, ex
una, et clare memoriae princeps, dominus quondam Andreas Ven-
draminus, tunc dux, inclitumque dominium Venetiarum, partibus ex
altera, bonam et sinceram pacem, unionem et intelligentiam inierint,
equis conditionibus, et nunc illustrissimus princeps dominus Joannes
Mocenigo, modernus dux, ac prefatum dominium Venetorum, delega-
verint, ordinaverint, destinaverint atque constituerint oratorem suum
et legitimum procuratorem, actorem et negotiorum gestorem, scilicet
spectabilem et generosum virum dominum Antonium Lauredanum,
militem, civem Venetum, ad instaurandum, confirmandum et robo-
randum predictam pacem, amicitiam, unionem et intelligentiam
cum serenissimo ac christianissimo principe, et domino, domino
Karolo, Dei gratia rege Francorum moderno, juxta formam mandati
cujus tenor inferius subicietur; qua de re celsitudo domini regis
specialiter expresseque commiserit totius hujus rei tractatum magni-
ficis et generosis dominis Guillermo de Rupeforti, domino de Pluvot, militi ac Franciae cancellario, et Gilberto de Puteo, domino de
Vaten, etiam militi, consiliario et cambellario regio, ut super renovatione, corroboratione et confirmatione istius pacis, amicitiae, unionis et intelligentiae concluderetur, hinc est quod prenominati dominus cancellarius et dominus de Vaten, pro ac nomine christianissimae
regiae Majestatis, et prefatus dominus Antonius Lauredanus, pro et
nomine ipsius illustrissimi domini Johannis Mocenigo ducis atque
inclyti dominii Veneti, sponte et ex certa eorum scientia, quantum
melius de jure facere possunt et debent, in mei notarii testiumque
infrascriptorum presentia, instauraverunt, renovaverunt, approba-
verunt, roboraverunt ac confirmaverunt instaurantque, renovant,
roborant et confirmant predictam pacem, amicitiam, unionem et
intelligentiam, sicut premittitur, jam initam et contractam inter
prelibatum quondam dominum regem Ludovicum et supradictum
quondam dominum Andream Vendraminum ducem atque inclitum
dominium Venetum : cujus quidem pristinae confoederationis et
pacis, mutatis mutandis, dempto tamen articulo reservationum,
tenor talis est :

In primis, quod bona et sincera pax et fidelis ac verax amicitia et benivolentia ex nunc tractata, facta et conclusa est et in
posterum perpetuis temporibus observabitur, custodietur, manu-
tenebitur ac perpetuabitur inter prefatum christianissimum domi-

num, dominum regem, ac ejus successores Francorum reges serenissimos, ejus regnum, omnes patrias, terras, dominia et subjectos existentes nunc et qui erunt in futurum in Majestatis suae obedientia, et dictum illustrissimum dominium Venetorum, omnes eorum terras, patrias, dominia ac eorum subjectos, quibuscumque in locis aut regionibus predicte terre vel dominia sita sint aut fuerint in futurum, tam ex parte christianissimae Majestatis quam ex parte predictorum illustrium domini ducis atque incliti Venetorum dominii.

Item, quod christianissima Majestas ejusque patriae, dominia et subjecti ex una parte, et predictus dominus dux atque inclitum Venetorum dominium eorumquo subjecti, ex altera, erunt ac in futurum perpetuis temporibus manebunt inter se invicem velut optimi amici ac benivoli, annullando et quictando omnes depredationes, incursiones ac quascunque alias res que per violentiam et formam hostilitatis per mare et per terram aut aliter per subjectos tam christianissimae Majestatis prefatae quam per subjectos illustrissimi domini ducis ac incliti Venetorum dominii predicti contra se invicem perpetrate ac commisse fuerint, eas ac si nunquam evenissent tenendo et extimando, sine quo in futurum illarum occasione ullo unquam tempore aliqua questio, actio, petitio atque requisitio ex una parte contra alteram pro elapso tempore in hunc usque diem fiat aut fieri possit; in quibus tamen non intelligunt partes predicte modo aliquo res comprehendere que ob causam mercantiarum, mutui depositi aut aliter essent debite per contractum vel promissionem factam, ex mero et liberali consensu et sine violentia procedente, de quibus rebus per justiciam questio, secundum naturam et qualitatem materiarum, fieri poterit.

Item, quod posthac omnes subjecti tam de regno prefatae christianissimae Majestatis et de quibuscumque aliis patriis, terris et dominiis eidem Majestati obedientibus, quam de quacumque patria, terra et dominio, dictis illustrissimo domino duci et inclito dominio obedientibus, cum navibus, galeis aut aliis quibuscumque navigiis armatis aut inermibus, mercantiis, bonis ac fortunis quibuscumque, tam ex una parte quam ex altera, poterunt ire, venire, mercari et navigare tute et secure, per terram et per mare, sive in Orientis partibus seu Occidentis aut alibi, in quacumque patria, terra, regione aut natione fuerit, absque hoc quod per christianissimam Majestatem prefatam aut ejus subjectos et obedientes predictis de Venetiis aut eorum subditis, nec per predictos de Venetiis aut ipsorum subjectos et obedientes illis qui predictae christianissimae Majestati subjecti et obedientes fuerint, sic illata guerra, hostilitas, impedimentum, perturbatio, detrimentum, prejudicium aut damnum.

Item, et prefatus illustrissimus dominus dux atque inclitum Venetorum dominium de cetero non prestabunt auxilium, favorem, hortamentum neque succursum contra christianissimam Majestatem predictam alicui inimicorum ejus, adversariis, rebellibus ac inobedientibus quibuscumque illi, sive nec alicui regi, principi, principisse, domino, dominio, patriae aut nationi alicui, pro quacumque causa fuerit, tam per mare quam per terram, et tam illis qui inferrent bellum eidem regiae celsitudini, quam illis contra quos prefata regia sublimitas bellum gereret, in quacumque querella aut ex quacumque causa vel occasione fuerit aut esse poterit, nullam personam, patriam aut nationem, quecumque fuerit, excipiendo tam per mare, quam per terram. Et similiter ac viceversa, prefata christianissima Majestas non prestabit auxilium, favorem, hortamentum neque succursum contra illustrissimum dominum ducem ac inclitum Venetorum dominium alicui de eorum inimicis, rebellibus, ac inobedientibus, pro quacumque causa vel occasione extiterit.

Quam quidem pacem, amicitiam, unionem et intelligentiam pro legittime instaurata, renovata, approbata, roborata et confirmata habuerunt ac recognoverunt, habentque et recognoscunt per presentes, reservatis tamen hinc inde illis confederationibus quas ipse principales partes duxerint in mensibus quatuor declarare : quo tempore pendenti curabit cum effectu dictus dominus Antonius Lauredanus quod prelibati dux et dominium Venetorum ratificabunt quecumque gesta per eum in hac parte, et inter literas in publica, autentica, consueta et debita forma expedient; quibus quidem literis per regiam Majestatem receptis, serenitas sua faciet alias literas suas in consimili forma expediri et tradi suprascripto domino Antonio Lauredano oratori vel alteri quem ad hoc prefati dux et dominium Venetorum elegerint.

Que omnia et singula partes predicte promiserunt ultro utroque servare et adimplere fideliter atque servari et adimpleri facere, omni dolo et machinatione cessante, sub earum propriis juramentis ad sancta Dei evangelia corporaliter prestititis ac cum omni juris et facti renuntiatione ad hec necessaria, pariter et cautela.

Nunc vero sequitur tenor mandati cujus superius mencio habita est.

In Christi nomine, amen. Anno nativitatis ejusdem 1483, mense octobris, die ultimo, inditione secunda : illustrissimus princeps et

excellentissimus dominus, dominus Joannes Mocenigo, Dei gratia
inclitus dux Venetiarum etc. una cum suis consiliis ordinatis haben-
tibus ad infrascripta et alia exercenda plenissimam facultatem et
libertatem, et ipsa consilia una cum ipso illustrissimo domino duce
more solito congregata, unanimiter et concorditer, nemine discre-
pante, pro se et successoribus suis ac vice et nomine incliti dominii
Venetiarum, sponte, libere et ex certa scientia animoque deliberato,
omnibus melioribus modis, via, jure et forma quibus magis melius,
validius et efficatius fieri poterit et potest facereque potuerunt, cum
interventu omnium et singularum solemnitatum que in hujusmodi
actibus requiruntur, tam de hujus civitatis Venetiarum consuetu-
dine quam de jure, fecerunt, constituerunt et solemniter ordinave-
runt ac faciunt, constituunt et solemniter ordinant spectabilem et
generosum virum, dominum Antonium Lauredanum, quondam
domini Laurentii, nobilem civem Venetum, ipsius illustrissimi domini
ducis et incliti dominii Venetiarum honorabilem oratorem apud
serenissimum et excellentissimum dominum Carolum Francorum
regem illustrissimum, licet absentem, sed tamquam presentem,
suum verum, certum et legittimum procuratorem, actorem, facto-
rem, negotiorum gestorem et quicquid aliud melius esse dici vel
fieri potest, specialiter et expresse, ad instaurandum, confirmandum
et corroborandum fedus, unionem, amicitiam, veram intelligentiam
ac pacem olim initam, celebratam et affirmatam in 1478, die viii mensis januarii, medio quondam domini Dominici Gradonico, militis,
oratoris, sindici et procuratoris ipsius illustrissimi ducalis dominii,
inter felicis memoriae serenissimum et excellentissimum dominum
Ludovicum, Francorum regem, ex una parte, et illustrissimum et excellentissimum principem, dominum Andream Vendraminum, inclitum ducem Venetiarum, ejusdem excellentissimi domini ducis pre-
sentis precessorem ac excelsum dominium Venetiarum, ex altera
parte, cum prefato serenissimo et christianissimo domino, domino
Carolo octavo Francorum regem et illustrissimo et excellentissimo
principe, domino, domino Joanne Mocenigo, Dei gratia, inclito duce
Venetiarum etc... et excelso dominio preanotatis, cum illismet capi-
tulis, pactis, articulis, conventionibus, promissionibus, juramentis,
obligationibus, renunciationibus, modis et mandatis que ipse orator,
sindicus et procurator a prefato illustrissimo ducali dominio habet
et habebit, et pro implemento et observatione omnium et singulorum que ipse sindicus, orator et procurator promiserit, nomine et
vice jam dicti illustrissimi ducalis dominii Venetiarum, specialiter et

expresse obligandi ipsum illustrissimum dominum ducem et inclitum dominium Venetiarum, ac omnes et singulos cives Venetiarum
et bona sua, et ad rogandum et fieri faciendum de predictis omnibus
et singulis que ipse sindicus, orator et procurator, tractaverit, con-
venerit et promiserit pro ipsorum omnium et singulorum plena
observatione, una et plura publica instrumenta, cum quibuscumque
promissionibus, stipulationibus, pactis et obligationibus realibus et
personalibus atque mixtis penarum adjectionibus, renunciationibus,
juramentis, clausulis et cautellis, prout et sicut jamdicto sindico,
oratori et procuratori melius videbitur et placebit, et generaliter ad
omnia et singula dicendum, faciendum, contrahendum et fieri faciendum que in predictis et circa predicta ac dependenter et emergentia
ab eisdem, utilia, necessaria, expedientia fuerint, seu quomodolibet
opportuna, et que ipsi sindico, oratori et procuratori videbuntur
atque placebunt et que ipsimet domini constituentes facere, dicere
seu fieri facere possent, si presentes essent, etiam si talia forent que
mandatum exigerent speciale; dantes et concedentes antedicti domini
constituentes predicto eorum sindico, oratori et procuratori in predictis et circa predicta et quodlibet predictorum ec dependencia et
connexa ab eis, plenum, liberum et generale mandatum ac etiam
speciale, ubi exigitur, cum plena, libera, generali et speciali admi-
nistratione, potestate, auctoritate et bailia; promittentesque domini
constituentes antedicti mihi notario infrascripto, uti publice persone
stipulanti et recipienti nomine et vice omnium et singulorum quorum interest seu poterit quomodolibet interesse, se perpetuo firma,
rata et grata habituros quecumque dictus eorum sindicus, orator et
procurator in predictis et circa predicta et quomodolibet predictorum
duxerit facienda et promittenda, contra ea vel eorum aliquid ullo
unquam tempore non facere, opponere, dicere vel venire, per se vel
alium, aliqua ratione vel causa, de jure vel de facto, sub pena dupli
totius ejus de quo fuerit contrafactum vel in aliquo non observatum;
ratis et firmis nihilominus remanentibus omnibus supradictis sub
ypotecha et obligatione omnium et singulorum bonorum dicti illustrissimi domini ducis et incliti dominii Venetiarum presentium et
futurorum. In premissorum autem fidem et evidentiam pleniorem,
prefatus illustrissimus dominus dux et sua consilia antedicta ordina-
verunt et mandaverunt fieri presens publicum sindicatus instrumentum, quod ad majorem efficaciam et robur jusserunt bullae suae
plumbeae pendentis munimine roborari. Actum Venetiis, in sala
veteri ducalis palatii ipsius illustrissimi domini ducis, presentibus

spectantissimis et egregiis viris, domino Joanne Dedo, honorabili
cancellario Venetiarum, ser Ludovico de Manentis et ser Petro Blan-
cho, ducalibus secretariis, testibus ad premissa omnia vocatis specialiter, habitis et rogatis. Et in fine sic scriptum : ego Dionisius Floriano quondam ser Nicolai de Venetiis, publicus imperiali auctoritate
notarius et judex ordinarius ac ducatus Venetiarum scriba, premis-
sis omnibus, dum sic agerentur et fierent presens fui, et rogatus ea
scribere, scripsi ac de mandato prefati illustrissimi domini ducis
publicavi et in evidentiam me subscripsi signumque meum apposui
consuetum. Signatum in margine superiori, in fine dicti instrumenti
prout apparebat, signo autentiquo dicti Dionisii Floriano. Sigillatum
plumbo in corda canapis appendente.

De quibus omnibus et singulis dicte partes, videlicet magnifici et
generosi viri et domini, dominus Guilermus de Ruperforti, cancellarius Franciae sepedictus, et dominus Gilbertus de Puteo, dominus de
Vaten, consiliarius et cambellarius regius ex una, nec non sepeno-
minatus dominus, Antonius Lauredanus, orator et procurator ac
sindicus antedictus ex altera, petierunt a me notario publico suprascripto in testium infranominatorum presentia sibi fieri, et in publicam formam redigi unum vel plura instrumentum vel instrumenta;
qua de re hoc presens publicum instrumentum confeci et in hanc
formam publicam redegi.

Acta fuerunt haec Parisius, in domo habitationis sepedicti magnifici et generosi viri, domini cancellarii Franciae, anno Domini millesimo quadringentesimo octuagesimo quarto, die vero septima mensis julii, indictione secunda, pontificatus sanctissimi in Christo patris
et domini, domini Sixti, divina providentia pape quarti anno decimo
tercio, presentibus ibidem nobilibus ac sapientibus viris Alexandro
de Malabellis, scutifero, illustrissimi principis et domini, domini
ducis Aurelianensis cambellano, ac domino Scipione de Bombellis,
utriusque juris eximio professore, nec non domino Joanne le Bour-
gorgnon, ejusdem domini cancellarii cubiculario, testibus ad premissa vocatis specialiter et rogatis. Et ego Guilermus Callipel, in
legibus licentiatus, presbiter Turonensis diocesis oriundus, publicus
auctoritatibus apostolica et imperiali notarius juratus, quia premis-
sis omnibus et singulis, dum sic inter dictas partes agerentur, con-
cordarentur, roborarentur, dicerentur et fierent, una cum prenomi-
natis testibus presens fui, eaque sic fieri vidi, audivi et intellexi et
de hiis notam sumpsi; iccirco huic presenti publico instrumento,
manu propria scripto ac in hanc formam publicam per me redacto,

signum meum publicum in talibus apponi solitum apposui, hic me manu etiam propria subscribendo in testimonium veritatis premissorum omnium et singulorum, rogatus et requisitus. Sic signatum ante subscriptionem premissam. Callipel.

Hinc est, quod nos volentes in illa perseverare amicitia quam carissimus ipse quondam dominus et genitor noster pulchre firmavit, laudavimus, confirmavimus, ratificavimus et approbavimus, omni meliori modo, via, jure et forma quibus id validius et efficacius fieri potest, et ex certa nostra scientia animoque deliberato laudamus, confirmamus, ratificamus et approbamus per presentes quicquid in suprainserto pacis et amicitiae instrumento continetur, promittentes ac nos obbligantes tenere, observare et adimplere constantissime perpetuis temporibus pacem et amicitiam ipsam atque omnia et singula in tractatu pacis illius specificata et declarata capitula et conditiones, de quibus fatemur habuisse et habere certam, distinctam et particularem scientiam atque noticiam : in quorum omnium fidem, robur et testimonium sigillum nostrum presentibus duximus apponendum. Datum apud Boscum Bonarum Herbarum die xxiii mensis septembris, anno Domini millesimo quadringentesimo octuagesimo quarto et regni nostri secundo.

Visa etc.

Per Regem in suo consilio, in quo domini dux Aurelianensis, comites Claromicensis (*sic*), Gricie[1], Vindocinensis, Dunensis, Marescalus de Gie, et domini de Richebourg, de Mailz (*sic*), de Boysy, gubernator Turonensis, baillivus Meldensis, magistri Adam Fumée, Stephanus Pascalis, Philippus Baudet, consiliarii et magistri requestarum et plures alii intererant.

DAMONT.

---

1. Ce mot est sans doute altéré. Il doit s'agir du comte de Bresse.

Nogent-le-Rotrou, imprimerie DAUPELEY-GOUVERNEUR.